꼭꼭
씹어 먹는
국어

② 발표하는 글 맛있게 먹기

※ **2022년 개정 국어 교과 연계** ※

1학년 1학기 2단원   바른 자세로 듣고 말하기
1학년 2학기 1단원   자신의 기분을 말로 표현하기
1학년 2학기 3단원   자신의 경험을 바른 자세로 발표하기
2학년 1학기 1단원   친구들에게 자기 소개하기
2학년 1학기 7단원   자신의 경험 말하기
2학년 2학기 7단원   글쓴이의 생각에 대한 자신의 생각 발표하기
3학년 1학기 1단원   생생하게 표현하기
3학년 2학기 2단원   유창하게 읽고 발표하기
4학년 1학기 6단원   원인과 결과를 생각하며 경험 말하기
4학년 2학기 3단원   문제 해결을 위한 토의하기

문해력 키우기

꼭꼭 씹어 먹는 국어

2
발표하는 글
맛있게 먹기

글 박현숙
그림 최정인

Specialbooks Junior
특서주니어

차례

발표는 무서워 … 6

콩닥콩닥 뛰는 가슴 … 12

나만 혼자야 … 21

동호네 피자가 맛있는 이유 … 30

좋은 기회야 … 46

실수해도 괜찮아 … 55

나도 동호와 피자집 간다 … 62

동화 작가 박현숙의 문해력 키우기

발표력 끌어올리는 핵심 노트 … 74

발표력 끌어올리는 토론 활동 … 84

문해력 끌어올리는 독후 활동 … 87

작가의 말 … 94

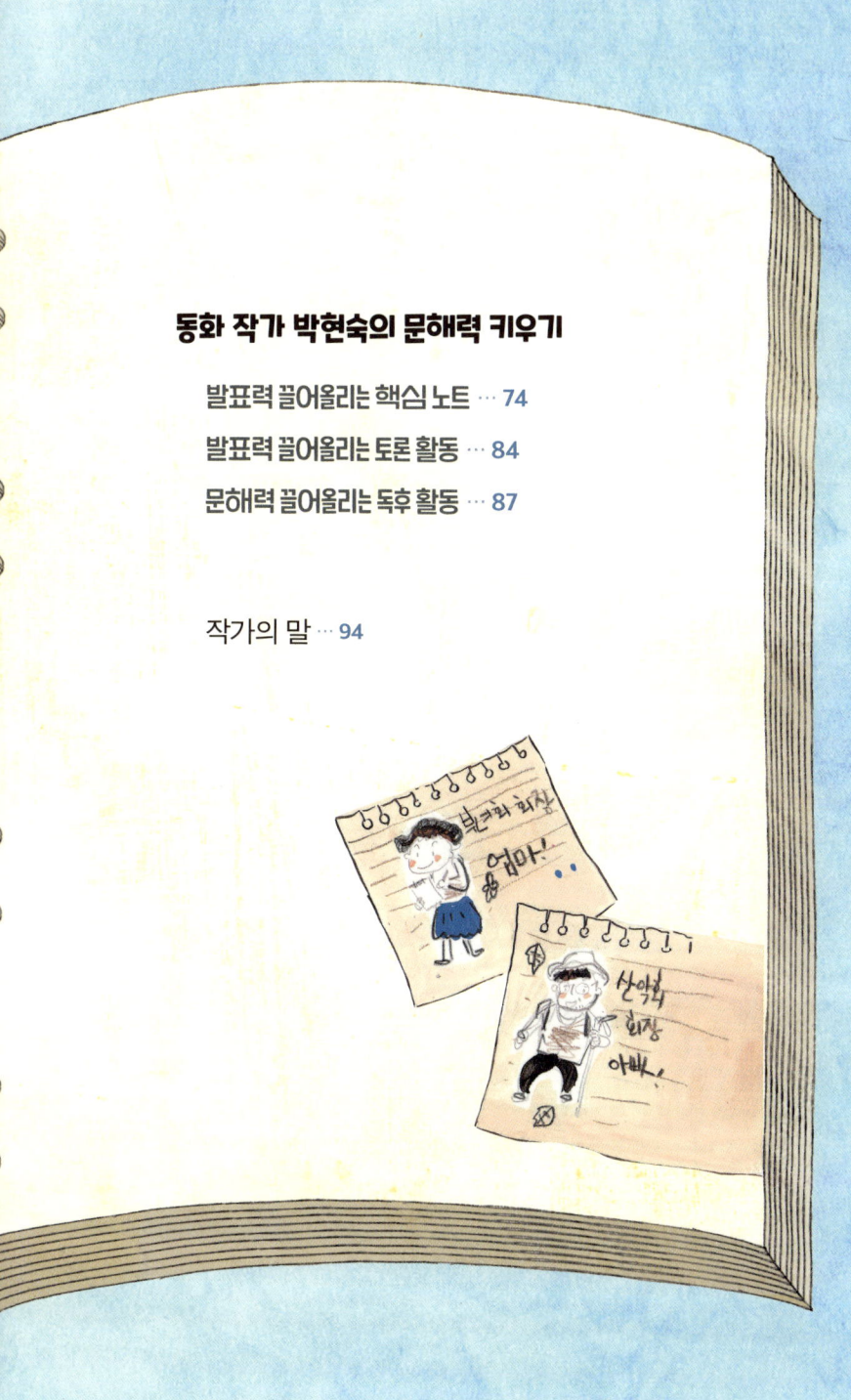

발표는 무서워

아이들 눈이 모두 나에게 쏠렸다. 다리가 덜덜 떨리고 숨이 막혔다.

"가까운 거리를 걸어가면 좋은 점은 뭐가 있을까?"

선생님이 부드러운 목소리로 말했다. 나는 주먹을 꼭 쥐고 침을 꼴깍 삼켰다. 주먹 쥔 손이 땀 때문에 축축했다.

"선생님. 미라는 발표할 줄 몰라요. 제가 해 볼게요."

선지가 손을 번쩍 들었다. 선지는 발표하는 시간만 되면 잘난 척하기 대장이 된다.

"먼저 미라에게 발표할 기회를 주자."

선생님이 선지를 향해 웃었다. 선지가 입을 불룩 내

밀며 손을 내렸다.

  나는 머릿속에서 맴돌고 있는 생각들을 정리했다. 자동차를 타지 않고 가까운 거리를 걸어가면 좋은 점은 엄청 많다. 멋지게 발표해서 선지 코를 납작하게 해 주고 싶었다. 하지만 입이 달라붙은 것처럼 떨어지지

않았다.

"빨리 해."

선지가 소리쳤다.

나는 고개를 푹 숙인 채 서 있었다.

"그럼 미라는 다음 시간에 하기로 하고 선지가 발표해 볼까?"

선생님 말이 떨어지기 무섭게 선지가 발딱 일어났다. 선지는 교실이 떠나갈 정도의 큰 목소리로 발표했다.

"회장집 딸이 뭐 저래?"

쉬는 시간에 선지가 내 옆을 지나가며 말했다. 나는 선지를 쏘아봤다. 여기서 저 말이 왜 나온담.

"왜, 내가 틀린 말 했어?"

선지가 피식 웃었다.

따지고 보면 선지 말이 틀린 말은 아니다. 우리 집은 아파트에서 '회장집'으로 불린다. 엄마는 아파트 부녀회 회장이고 중학교에 다니는 오빠는 전교 회장이다.

아빠는 산악회 회장이고 말이다. 나만 회장집과 상관없다.

나는 공부는 그럭저럭 하는 편이다. 하지만 발표는 대한민국에서 꼴찌일 거다. 나는 단 한 번도 스스로 손을 들고 발표해 본 적이 없다. 발표는 괴물처럼 무섭다.

"미라야. 두 눈 질끈 감고 말하면 되는 거야."

소라가 안타까운 표정으로 나를 바라봤다. 소라가 몰라서 하는 말이다. 나도 해 봤다. 두 눈을 질끈 감아도 보고 심호흡을 수십 번 해 봐도 소용없었다. 발표를 하려면 겁부터 났다. 실수하면 어쩌나, 잘못 말해서 친구들에게 놀림을 받으면 어쩌나 하는 걱정이 파도처럼 밀려왔다.

"얘들아, 얘들아."

선지가 손을 높이 들고 떠들었다.

"우리 엄마가 그러는데 공부만 잘하는 건 소용없대. 남 앞에서 자신의 생각을 똑똑하게 말할 줄 알아야 한댔어."

선지는 말을 하며 나를 바라봤다. 속상했다. 속상하니까 나도 모르게 눈물이 났다.

"울지 마."

소라가 소맷자락으로 내 눈가를 닦아 주었다.

콩닥콩닥 뛰는 가슴

 오늘은 정말 학교에 가기 싫다. 어제 선생님이 그랬다. 오늘은 발표의 날이라고.

 나는 천천히 일어나 천천히 밥을 먹고 천천히 옷을 입었다. 가방을 드는데 한숨이 절로 나왔다.

 "어, 엄마. 배, 배가 아파."

 나는 화장실로 들어갔다.

 "갑자기? 빨리 나와야 해. 지각이야. 천천히 해서 늦었는데 왜 배까지 아프다고 그래?"

 엄마는 빨리 나오라는 말을 몇 번이나 반복했다.

 "미라야. 아직 멀었어?"

 엄마가 자꾸만 화장실 문을 두드렸다.

"엄마. 나 오늘 학교 못 가겠어. 배가 너무너무 아파."

나는 화장실 문을 열고 다 죽어 가는 얼굴로 말했다.

"혹시 너, 오늘이 발표하는 날이라서 그래?"

나는 너무 놀라 엄마를 바라봤다. 엄마가 발표 날인 걸 어떻게 알았을까? 하여간 엄마는 모르는 게 없다.

"선지 엄마가 어제 저녁에 그랬거든. 선지는 발표한다고 아주 신났다고. 근데 너는 왜 그래? 집에서 할 말 다 하면서 왜 밖에서는 말도 못 하고 그래? 집에서처럼 편하게 말하면 되잖아. 어서 가."

하여간 선지가 문제다.

발걸음이 한없이 무거웠다. 누가 땅에서 내 발을 잡아당기는 거 같았다.

교문을 들어서자 심장이 조금씩 두근거리더니 교실로 들어서자 쿵쿵 뛰기 시작했다.

드르륵.

교실 앞문이 열리고 선생님이 들어올 때까지 내 가슴은 진정되지 않았다. 그런데 선생님 뒤로 웬 남자아이가

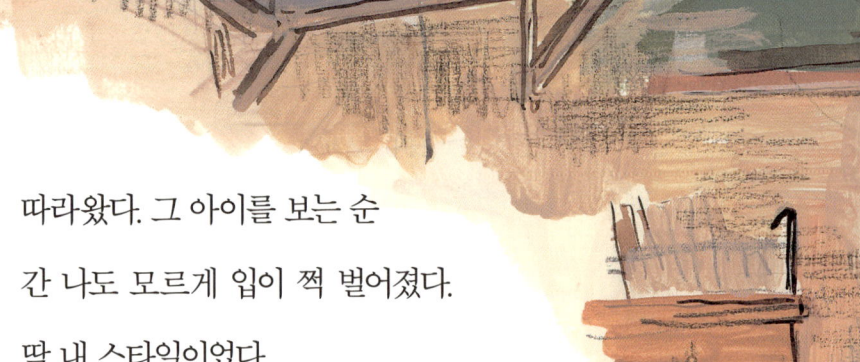

따라왔다. 그 아이를 보는 순간 나도 모르게 입이 쩍 벌어졌다. 딱 내 스타일이었다.

"누구예요?"

아이들이 입을 모아 물었다.

"전학 온 아이겠지. 맞지요?"

선지가 팔을 번쩍 들고 엉덩이를 들썩이며 말했다. 목소리가 폴폴 날아오르는 게 선지도 전학 온 아이가 마음에 쏙 드는 눈치였다.

"나는 이동호라고 해. 앞으로 사이좋게 잘 지냈으면 좋겠어."

동호가 아이들을 둘러보며 말했다. 목소리도 딱 내 스타일이었다.

"자, 동호는 어디에 앉을까? 옳지, 저기 미라 뒷자리에

앉으면 되겠다."

선생님이 내 이름을 부르는 순간 가슴이 콩닥콩닥 뛰었다. 나는 얼른 머리를 가지런히 쓸어 넘기고 허리도 꼿꼿이 세우고 바로 앉았다. 선지와 눈이 딱 마주쳤는데 선지 얼굴이 붉으락푸르락 꼭 성난 개구리 같았다. 동호가 내 뒤에 앉아서 샘이 난 모양이었다.

"오늘 급식 반찬 되게 맛있는 거야. 우리 학교는 급식 반찬 맛집이라고 불리기도 해."

나는 쉬는 시간에 동호에게 오늘 급식 반찬이 뭔지도 알려 주고 급식실이 어디 있는지도 알려 줬다.

"그렇다고 해서 내가 먹는 것만 좋아하는 애는 아니야."

나는 은근히 걱정이 되어 이렇게 말했다. 먹는 것만 좋아하는 아이로 오해하면 곤란하다.

"자, 오늘 발표하는 날이라고 했지요? 지난 시간에 선생님이 우리나라 관공서에는 어떤 곳이 있고 무엇을 하는 곳인지 알아 오라고 했으니 그걸 발표해 볼 거예요."

"선생님. 제가 발표해 보겠습니다."

선생님 말이 끝나기 무섭게 동호가 손을 번쩍 들었다.

"관공서에는 구청, 교육지원청, 경찰서, 소방서……."

전학 온 첫날부터 동호는 전혀 떨지 않았다. 떨기는커녕 가슴을 활짝 펴고 또박또박 웃는 얼굴로 말했다.

"선생님. 관공서에서 하는 일은 제가 발표해 볼게요."

선지가 손을 번쩍 들며 발딱 일어났다.

"음, 이건 미라가 한번 발표해 보도록 하자. 미라가 지난 시간에 발표를 못 했었잖아. 다음 시간에 시켜 주기로 했으니까 약속 지켜야지."

선생님이 내 이름을 부르는 순간 눈앞이 캄캄해졌다. 그런 약속은 안 지켜도 상관없는데. 갑자기 아랫배가 살살 아프고 숨이 턱 막혔다. 나는 천천히 자리에서 일어났다. 다리가 후들후들 떨렸다.

"하려면 빨리 해. 못하겠으면 그냥 못한다고 말하든가."

선지가 재촉했다. 나는 관공서에서 무슨 일을 하는지

알고 있다. 다 알고 있는데 입이 떨어지지 않았다.
"빨리 해. 너 때문에 모두 기다리고 있잖아. 발표 못 해?"
그때 뒤에서 동호가 말했다. 동호 말을 듣는 순간 얼굴이 뜨거워졌다.
"응, 미라는 원래 발표 못해. 원래, 아주아주 옛날부터."
기다렸다는 듯 선지가 불쑥 끼어들었다. 선지 말에 아이들이 와! 웃음을 터뜨렸다.
"친구를 놀리면 안 돼."
선생님이 선지를 바라보며 단호하게 말했다.
"선생님은 왜 저만 야단치세요? 제가 발표한다는데 시

켜 주지도 않고."

 선지가 울먹이며 볼멘소리를 했다.

 "그러면 관공서에서 어떤 일을 하는지 선지가 한번 발표해 보렴."

 선생님이 들릴 듯 말 듯 한숨을 쉬었다. 선지는 신이 나서 교실이 쩌렁쩌렁 울리게 큰소리로 발표했다.

 "선생님. 선지가 발표한 거 모두 맞아요."

 선지가 발표를 마치자 동호가 웃으며 말했다. 동호는 선지 같은 스타일을 좋아하는 모양이었다. 동호한테 완전히 실망이었다.

나만 혼자야

"얘들아."

동호가 교실 앞으로 나가 큰소리로 말했다. 아이들 눈이 모두 동호에게 향했다.

"우리 엄마가 피자 가게를 냈어. '고릴라피자'라고 다들 알지? 오늘이 가게 문을 여는 날이야. 엄마가 친구들을 초대하라고 했는데 같이 갈 사람?"

"나!"

"나도 갈래."

아이들이 앞다퉈 손을 들었다.

"미라야. 우리도 가자. 고릴라피자, 되게 유명해."

소라도 눈을 반짝이며 손을 번쩍 들었다. 우리 반에서

나만 빼고 모두 손을 들었다.

"몇 명인지 세어 볼까?"

동호가 아이들 머리를 세기 시작했다. 동호 손가락이 부지런히 움직이며 나를 셀 때쯤, 선지가 발딱 일어났다.

"동호야. 가기 싫다는 애는 그냥 둬. 억지로 먹으면 탈 나거든. 미라가 피자 먹고 배탈 나면 큰일이잖아."

나는 선지를 멍하니 바라봤다. 어쩌면 저렇게 얄미울 수가 있을까. 얄미운 아이 뽑기 대회에 나가면 일등을 할 거 같았다.

"배탈 나면 안 되지."

동호가 눈을 동그랗게 뜨고 고개를 저었다. 나는 억울했다. 나는 아무 말도 안 하고 있는데 배탈이니 뭐니 둘이 떠들고 있다니.

"먹다 남으면 싸 가도 돼?"

소라가 물었다. 나는 소라를 힐끗 바라봤다. 의리라고는 눈곱만큼도 없었다. 나는 소라에게 서운해서 눈물이 나려고 했다.

　수업이 끝나자마자 아이들은 동호를 따라 교실에서 나갔다.

　"미라야. 내일 보자."

　소라도 동호 옆에 찰싹 달라붙어 손을 흔들었다.

　나는 아이들이 몰려 나가고 한참 후에 교실에서 나왔다. 흥, 그깟 피자! 안 먹어도 상관없다. 건강에도 별로 안 좋은데 뭐. 하지만 어쩐지 마음이 텅 빈 거 같았다. 아무

도 없는 무인도에 나 혼자 서 있는 듯한 기분이었다.

집으로 가는 발걸음이 한없이 무거웠다. 터벅터벅 걸어가고 있을 때였다. 누군가 내 어깨를 툭 쳤다.

"으헉."

나는 깜짝 놀라 뒤돌아봤다. 오빠였다.

"어? 오빠, 왜 이렇게 일찍 와?"

오빠는 중학생이다. 학교를 마치고 학원까지 다녀오면 밤이 되어야 집에 오는데 이상했다.

"시험 기간이라 일찍 끝났어. 그런데 무슨 일 있어? 어깨는 축 늘어지고 발걸음은 무거워 보이고. 그리고 왜 혼자 가? 네 절친 소라는 어디 가고?"

"소라는 배신자야."

"배신자? 소라랑 싸웠냐? 절친끼리 왜 싸웠어?"

"절친은 무슨, 절친이 친구를 뿌리치고 피자 먹으러 가? 소라는 선지 따라서 동호네 가게로 피자 먹으러 갔어. 공짜라고 좋다고 갔어."

말이 엉뚱하게 나왔다. 소라는 선지를 따라간 게 아닌

데, 소라도 선지만큼 얄미운 마음이 들었다.

"피자? 공짜로 피자를 먹을 수 있으면 너도 가지 그랬어?"

오빠가 말도 안 되는 소리를 했다. 동호가 선지 편을 들었는데 나는 뭐 자존심도 없는 줄 아나.

"나는 절대로 동호네 가게에 안 가."

나도 모르게 동호 얘기를 다 했다. 선지 같은 얄미운 아이를 좋아하는 아이는 딱 질색이라는 말도 했다.

"참 속상하겠다."

오빠 얼굴에 안타까운 표정이 가득했다. 오빠가 내 편을 들어주자 갑자기 가슴속 깊은 곳에서 파도 소리가 쏴아, 나는 것처럼 시원해졌다. 콧날도 시큰해졌다.

"나는 다 싫어. 얄미운 선지도 싫고, 동호도 싫고, 매일 발표만 시키는 선생님도 싫어. 왜 발표를 매일 시키나 몰라."

"미라야. 아이스크림 사 줄까? 나 돈 있어."

나는 오빠와 편의점으로 들어갔다. 오빠와 나는 팥 아

이스크림을 입에 물고 나왔다.

"미라 너는 집에서는 하고 싶은 말 완전 잘하잖아? 그런데 학교에서는 그게 안 돼?"

오빠가 물었다.

"학교에서도 친구들하고 말할 때는 괜찮아. 그런데 일어나서 발표하려고 하면 입술이 달라붙은 거처럼 떨어지지 않아. 심장도 두근거리고 다리도 떨리고. 나는 세상에서 발표가 제일 싫어. 발표를 하지 않는다고 해서 알고 있는 게 사라지는 건 아니잖아? 나만 잘 알고 있으면 되는 거지, 그걸 왜 굳이 다른 사람 앞에서 말해야 해?"

생각하면 생각할수록 발표는 쓸데없고 필요 없는 거 같았다.

"발표를 하면 좋은 점이 있어. 자기도 모르게 자신감이 생기거든. 또 발표를 하면 배운 것을 오래오래 기억할 수 있어. 발표할 때 잘못된 것이 있으면 선생님이 알려 주니까 그것도 좋은 점이지. 그리고 발표를 자꾸 하다 보면 재미있어서 더 하고 싶어진다. 내가 초등학교 때부터 발표 좀 했던 몸이잖아."

오빠가 어깨를 으쓱였다. 그건 맞는 말이다. 오빠는 발표를 잘해서 '발표왕' 상도 받았었다.

"그리고 있잖아. 이건 엄마한테는 절대 비밀인데, 내가 자신감이 넘치다 보니까 여자 친구도 많아."

오빠가 히죽 웃었다. 아이스크림에서 흘러나온 팥물이 오빠 입가에 묻어났다. 나는 오빠를 빤히 바라봤다. 자신감이 넘치는 것과 여자 친구가 많은 것이 무슨 상관이 있는 걸까.

"나는 마음에 드는 아이가 있으면 자신 있게 '나랑 친하게 지내자'라고 말하거든. 절대 망설이지 않지. 솔직히 내가 외모는 별로잖아! 키도 작은 편이지, 눈도 작은 편이지, 코도 낮잖아. 그래도 인기가 많은 건 자신감! 자신감이 넘치기 때문이야. 그게 다 발표를 열심히 했던 덕이지."

오빠가 또 어깨를 으쓱 올렸다.

"미라야. 내가 발표 잘하는 방법을 가르쳐 줄까? 그러면 너도 자신감이 생겨서 동호한테 '나랑 친하게 지내자'라고 말할 수 있어."

"나는 동호랑 친하게 지내고 싶은 마음 없거든."

나는 소리를 꽥 질렀다.

"크크크, 나는 다 알고 있지."

오빠가 어깨를 들썩이며 웃었다.

"처음에는 어려워도 자꾸 하다 보면 재미있어질 거야. 집에 가자."

오빠가 내 손을 잡아끌었다. 뭘 다 알고 있느냐고 물어보고 싶었지만 참았다. 어쩐지 오빠는 진짜 다 알고 있을 거 같았다.

동호네 피자가 맛있는 이유

오빠 시험이 끝났다. 본격적으로 오빠한테 발표하는 방법을 배우기로 했다. 나는 기대가 되었다. 아이들 앞에서 발표하는 내 모습을 상상하기도 했다. 기분이 좋았다.

"미라한테 발표하는 방법을 가르쳐 준다고? 어머나! 너무너무 좋은 생각이다. 엄마가 한턱 쏠게. 둘이 먹고 싶은 거 먹고 나서 시작해."

엄마가 맛있는 거 사 먹으라고 용돈을 주었다.

"피자 어때?"

오빠가 물었다.

"피자 좋지."

나는 냉큼 대답했다.

"큰 사거리 근처에 피자 가게가 있는데 완전 맛있어. 둘이 먹다 둘 다 사라져도 모를 맛이야. 거기로 가자."

오빠는 침을 꼴깍꼴깍 삼키며 말했다. 둘이 먹다 둘이 다 사라져도 모를 맛이 어떤 맛인지 무지하게 궁금했다.

피자 가게 문을 열고 들어서는 순간, 나는 너무 놀라 우뚝 멈춰 섰다. 계산대 옆에 동호가 앉아 있었다. 나는 그제야 간판을 봤다. '고릴라피자'였다.

"나, 여기 싫어."

"싫긴 뭐가 싫어? 목표를 확실히 세워야 성공할 수 있어. 들어가자."

오빠가 내 손목을 잡아끌었다.

"어? 민호다."

그때 가게 안에서 누군가 나오며 오빠 이름을 불렀다. 척 봐도 동호 누나였다. 눈, 코, 입이 동호와 신기할 정도로 닮았다.

"피자 먹으러 왔어. 얘는 내 동생이야."

오빠가 나를 소개했다.

그때 동호가 슬금슬금 다가왔다.

"미라야."

동호가 한쪽 손을 들고 흔들었다. 나는 엉겁결에 동호를 따라 손을 흔들었다.

"둘이 같은 반이야?"

동호 누나가 물었다. 동호가 고개를 끄덕였다.

"와. 신기하다. 나랑 민호도 같은 반인데. 앉아."

나와 오빠는 동호 누나가 가리킨 자리에 앉았다.

"엄마. 얘는 우리 반 회장이야. 공부도 잘하고 뭐든 다 잘해. 이번에 영어스피치대회에서 대상도 받았어. 말도 엄청 잘해. 거기다 잘생기기까지 했어."

동호 누나가 동호 엄마에게 오빠를 소개했다. 나는 웃음이 터지는 걸 간신히 참았다. 오빠보고 잘생겼다니.

"어머. 그럼 미라도 오빠처럼 다 잘하겠네?"

"아니야. 미라가 다 잘하진 못해, 발표를 못하거든. 그

림도 잘 그리고 공부도 잘하고 다른 건 다 잘하는 거 같던데 발표는 아니야. 발표만 잘하면 완벽할 텐데."

동호가 나서서 얘기했다. 나는 가슴이 철렁 내려앉았다. 여기서 발표 얘기는 왜 나온담. 그래도 '완벽할 텐데'라는 말을 들어서인지 기분이 나쁘지는 않았다.

'뭐지? 동호가 나에 대해 왜 저렇게 잘 알지? 나한테 관심 있는 건가?'

이런 생각도 들었다.

"발표도 연습하면 잘할 수 있을 거야. 자자, 많이 먹어. 오늘은 특별히 아줌마가 쏘는 거야."

동호 엄마가 큰 피자를 내왔다.

역시 고릴라피자는 요즘 핫한 피자가 맞았다. 치즈도 죽죽 늘어나고 고소했다. 눈물이 날만큼 맛있었다.

"우리 가게 피자 맛이 어떠니?"

한 판을 다 먹고 나자 동호 엄마가 한 판을 또 내오며 물었다.

"맛있어요."

나와 오빠는 동시에 말했다.

"그렇지? 그런데 미라야. 어떻게 맛있어?"

동호 엄마가 나를 바라봤다.

"예?"

나는 두 눈을 동그랗게 떴다.

"하하하하하. 아니야, 어서 먹어."

동호 엄마가 목을 젖히고 웃었다.

피자 가게에서 나올 때 동호가 문 앞까지 따라 나와 손을 흔들었다.

"미라야. 내일 학교에서 보자."

동호는 다정한 목소리로 인사까지 했다.

"나도 남 앞에서 자신 있게 말할 줄 안다면 얼마나 좋을까?"

나는 오빠 뒤를 따라가며 중얼거렸다. 동호는 내가 발표만 잘하면 완벽할 거라고 말했다. 그 말을 생각하면 생각할수록 설렜다.

"좋았어."

오빠가 휙 돌아봤다.

"그런 마음이 드는 게 되게 중요한 거거든. 하려고 하는 마음이 있어야 목표를 향해 쭉쭉 나갈 수 있는 법이니까. 미라야. 우리 이따 피자 가게 가서 동호 엄마에게 동호네 피자가 어떻게 맛있는지 말해 줄까?"

"뭐? 싫어."

나는 고개를 세차게 저었다.

"일단 집에 가서 연습을 하고 나서 결정하자."

결정하긴 뭘 결정하느냐고, 나는 절대 그러지 않을 거라고 말하고 싶었다. 하지만 오빠가 손을 잡아끌고 서두르는 바람에 그 말을 하지 못했다.

오빠는 집으로 오자마자 공책을 꺼냈다.

"동호네 피자 가게에 다녀 온 소감을 써 봐. 미라 너, 글은 잘 쓰잖아!"

뭐. 내가 글은 좀 쓰는 편이다.

우리 반 동호네 피자 가게에 갔다. 동호 엄마가 한턱 쏜다며 피자를 공짜로 주셨다. 동호네 피자 가게는 '고릴라피자'인데 다른 곳 피자보다 빵 두께가 두툼했다. 피자에 치즈도 많이 들어가서 고소했다. 그리고 피자에 넣은 채소도 다양했는데 채소도 달콤하고 고소한 맛이었다. 채소를 좋아하지 않는 아이들이 먹으면 좋을 피자였다. 아이들 입맛에 딱 맞게 만들어진 피자 같다.

"이야. 역시 미라가 글은 좀 잘 쓰는 편이군."

오빠가 고개를 끄덕였다.

"자, 그럼 이제 본격적으로 발표 연습을 해 볼까? 이걸 외워서 발표해 보는 거야. 그런데 여기서 중요한 거! 이대로 하면 자연스럽지 못하고 딱딱하잖아? 이 글을 말하는 형식으로 바꿔 써 봐. 그래야 다른 사람들에게 자연스럽게 들리거든."

> 우리 반 동호네 피자 가게에 갔어요. 동호 엄마가 피자를 주셨는데 정말 맛있었어요. '고릴라피자'는 다른 피자보다 빵 두께가 두툼하고 치즈도 많이 들어 있었어요. 치즈가 많이 들어 있어서 그런지 맛이 아주 고소했어요. 또 채소도 다양하게 들어 있는데 채소를 씹을 때 아주 달콤했어요. 채소를 싫어하는 아이들도 맛있게 먹을 수 있는 맛이에요. 저뿐만 아니라 다른 아이들도 맛있게 먹을 수 있는 맛이었어요.

"와, 역시 글을 잘 쓰는군."

오빠가 칭찬했다.

"이렇게 글을 바꾸니까 말하기에 훨씬 자연스럽지?"

"응. 그런데 너무 긴 거 같아."

"오호, 미라 완전 똑똑한데! 맞아. 말이 너무 많으면 지루해. 그래서 이제 중요한 내용만 남기고 나머지는 다 지울 거야. 너무 길게 말하면 듣는 사람이 무슨 말인지 알아듣기 힘들고 중간에 딴 생각을 하게 되거든."

동호네 가게 피자 맛은 참 좋아요. 빵 두께가 두툼하면서도 부드럽고 치즈도 많이 들어 있어서 고소해요. 채소는 아이들 입맛에 딱 맞게 달콤한 맛을 냈어요. 동호네 가게 피자는 계속 먹고 싶은 맛이에요.

"됐어. 그럼 이걸 외운 다음 일어나서 말하는 연습을 해 보자."

오빠가 자리를 털고 일어났다.

 "발표할 때는 말하는 내용도 중요하지만 태도도 중요해. 잘 봐. 이렇게 똑바로 서서 앞을 자연스럽게 보는 거야. 어깨는 바로 세워야 해. 어때, 자신만만해 보이지? 남에게만 자신만만해 보이는 게 아니야. 태도가 이러면 스스로 자신감이 생기거든. 그리고 목소리도 중요한데 너

무 작아도 안 되고 상황에 맞지 않게 너무 커도 안 좋아. 발표할 때는 보통 대화할 때 목소리보다 약간 크게 하면 돼. 한번 해 볼래?"

나는 공책에 써 놓은 것을 외운 다음 일어났다. 일어나자마자 부끄럽고 창피했다. 앞에 오빠밖에 없는데 말이다. 나는 얼른 끝내고 싶어서 빠르게 말했다.

"그렇게 빨리 말하면 네가 무슨 말을 하는지 듣는 사람에게 잘 전달이 안 돼. 천천히 끊어 가면서 말해야 해. 동호네 가게/ 피자 맛은/ 참 좋아요/ 이런 식으로 말이야. 그리고 끊는 부분에서는 숨을 들이쉬어. 숨을 쉬지

않고 말하면 숨이 막혀서 다음 말이 작아지고 빨라지거든."

오빠는 천천히 설명했다. 발표는 정말 쉬운 게 아니었다.

나는 오빠가 설명하는 대로 수십 번 연습했다. 신기했다. 연습을 하면 할수록 평소에 말하는 것처럼 자연스럽게 말할 수 있었다.

"동호네 피자 가게에 갈래? 이 정도면 완벽한데. 처음이 무섭고 두려운 거야. 오늘 잘 해 내면 자신감이 생길 거야."

나는 오빠 말에 고개를 살짝 끄덕였다. 그리고 오빠와 함께 동호네 피자 가게로 갔다.

"우리 가게 피자가 어떻게 맛있는지 말해 주겠다고? 오늘 미라가 말해 주는 걸 잘 듣고 참고해야겠다."

동호 엄마는 기대에 가득 찬 표정으로 의자에 앉았다. 동호와 동호 누나가 그 옆에 앉고 오빠도 앉았다. 순간 가슴이 쿵쾅거리기 시작했다. 나는 두 주먹을 꼭 쥐고 심호흡을 했다.

"동호네 가게 피자 맛은……."

처음에는 목소리가 컸다. 하지만 말이 점점 빨라지면서 목소리가 목 안으로 기어 들어갔다. 다리도 점점 더 후들거렸다. 그때 동호 누나와 오빠가 속닥였다. 무슨 말을 하는지 동호 누나가 웃었다. 그 모습을 보자 더 자신이 없어졌다. 나는 겨우 말을 마쳤다.

"와, 우리 가게 피자의 특징을 잘 말해 주었구나. 고맙다, 고마워."

동호 엄마가 박수까지 쳐 주었다.

"잘하네."

동호가 말했다. 솔직히 말하면 말도 빠르고 목소리도 작았다. 칭찬받을 정도는 아닌 거 같았다. 하지만 학교에서보다는 훨씬 나았다.

동호 엄마는 수고했다면서 피자 한 판을 싸 주었다.

"발표하니까 좋은 점 되게 많지? 피자도 생기잖아!"

오빠가 피자 상자를 꼭 끌어안았다.

"오빠가 동호 누나랑 딴짓만 안 했어도 더 잘할 수 있었어. 남이 발표하고 있는데 왜 딴짓을 해? 예의 없게."

나는 일부러 오빠한테 투덜거렸다.

좋은 기회야

"다음 주에 체험 학습 가는 거 다들 알고 있지요? 장소도 정해졌는데요, 장소는 경주예요."

"와!"

경주라는 말에 교실은 금세 소란스러워졌다. 모두들 신난 얼굴이었다. 나도 신났다. 버스를 타고 어딘가로 여행을 간다는 건 무조건 신나는 일이다.

"이번 체험 학습을 다녀온 후에 소감이나 느낌을 잘 발표하는 사람에게는 선생님이 선물을 줄 거예요."

"선물이요? 와아!"

교실은 더 소란스러워졌다.

"선물이 뭔데요?"

선지는 눈을 반짝거리며 손을 번쩍 들었다. 선물을 받고 싶은 모양이었다. 사실 나도 슬쩍 기대가 되었다.

나는 집에 와서 오빠에게 선물 이야기를 했다.

"이제 드디어 기회가 왔군. 미라가 발표왕이 되어 완벽한 아이가 될 수 있는 기회! 내 말 잘 들어."

오빠가 진지하게 말했다. '발표왕', '완벽한 아이'라는 말에 나는 마른침을 삼키며 오빠에게 집중했다.

"발표를 할 때 다른 아이와는 차별점이 있는 게 좋아. 그래야 사람들이 감동하거든."

"차별되게 하라고? 그게 무슨 말이야?"

"경주에 다녀오면 대부분 비슷한 발표를 할 거야. 너는 비슷한 것에서 탈출하는 거지. 경주에 가면 구할 수 있는 안내문은 다 챙겨 와. 그리고 선생님이나 안내하는 사람이 하는 말도 중요하다 싶으면 빠짐없이 적어 오고. 알았지?"

나는 오빠 말을 머릿속에 되새겼다. 이번에는 진짜 멋진 모습을 동호에게 보여 주고 싶었다. 선지 코도 납작하

게 해 주고 말이다.

"아 참, 되게 중요한 게 있어. 경주에 가기 전의 마음은 어떤지 그것도 기록해 놔."

나는 오빠 말대로 설레고 기대되는 마음을 공책에 적어 놨다.

경주는 멀었다. 아침 일찍 출발했는데도 점심 때가 다 되어서야 경주에 도착했다.

"저기 보이는 곳이 불국사예요. 불국사에 들어가기 전에 도시락부터 먹을 거예요. 우리 반은 저쪽에 앉으면 되겠다."

선생님은 바람이 산들산들 부는 곳을 가리켰다.

"미라야. 이거 먹어. 고릴라피자에서 이번에 새로 나온 신제품 '피자도시락'이야."

나는 동호에게 피자도시락을 받고 기분이 좋았다.

"나도 같이 먹자. 맛있겠다."

소라가 내 옆에 앉으며 말했다. 그때였다. 선지가 다가오더니 동호에게 치킨을 내밀었다.

"이건 보통 치킨하고는 달라. 우리 엄마가 만든 거거든."

치킨이 뭐 다 비슷하지, 다르기는 무슨. 선지 엄마가 만들었다고 해서 치킨이 족발이 되는 건 아니다. 나는 동호에게 친한 척하며 먹을 걸 주는 선지가 얄미웠다.

"나도 너한테 줄 게 있어. 고릴라피자에서 나온 신제품, 피자도시락. 채소가 일곱 가지나 들어 있어. 그중에는 아이들이 싫어하는 파도 들어 있는데 파 냄새가 하나도 안 나."

동호는 나에게 하지 않았던 말까지 했다.

하늘을 날 거 같았던 기분이 한순간 나빠졌다. 피자가 맛없게 느껴졌다.

"이 신제품 대박 날 거 같아. 진짜 맛있다. 피자는 건강에 안 좋다고 하는데 이건 그런 생각을 와장창 깰 거 같아. 그리고 채소가 많이 들어 있으니까 건강식품이잖아."

선지는 아주 신이 났다.

"우리 저쪽으로 가자."

나는 도시락을 먹는 둥 마는 둥 정리를 하고 소라에게 말했다.

"나는 아직 덜 먹었는데?"

눈치 없는 소라는 그 자리에서 꼼짝도 하지 않았다. 최악의 점심시간이었다.

나는 안내문을 꼼꼼하게 챙겼다. 메모도 열심히 하고 사진도 많이 찍었다. 꼭 선지 코를 납작하게 해 줄 거라고 결심하면서. 용돈으로 오빠에게 줄 선물로 경주에서 유명한 빵도 샀다.

"와. 이거 맛있다고 소문난 빵인데."

오빠는 빵 열 개를 순식간에 해치웠다.

"자, 이제 빵도 맛있게 먹었으니까 발표할 걸 준비해 보자. 끄윽. 경주에서 가장 인상 깊었던 거나 새롭게 알게 된 게 뭐야? 끄윽."

오빠는 트림을 하며 안내문을 뒤적였다.

"첨성대. 동양에서 제일 오래되었다는데 신라시대에도 하늘과 별자리를 관측했다는 게 신기해. 우리나라는 옛날부터 과학이 발달한 거 같아."

"와, 대단하다. 바로 그렇게 발표하면 돼. 끄윽."

오빠가 엄지손가락을 높이 쳐들었다.

나는 스케치북에 첨성대 사진을 오려 붙인 다음 첨성대에 대한 설명을 썼다. 그리고 내가 왜 첨성대를 설명하고 싶었는지 이유도 썼다.

"여기 쓴 글을 말하기 편하고 듣기 쉽게 바꿔 써 봐."

경주로 체험 학습을 다녀왔어요.

경주에는 신라시대의 유물과 유적이 많았어요. 나는 그중에서 첨성대가 가장 기억에 남아요. 첨성대는 신라 선덕여왕 때 만들어졌는데 동양에서 가장 오래된 천문대예요. 돌로 쌓아 올린 도자기 모양이지요. 우리 조상들은 첨성대에서 별자리를 살피고 하늘의 변화를 관찰했어요.

경주에 다녀와서 우리 조상들이 더 자랑스럽게 느껴졌어요. 나도 우리의 후손들을 위해 자랑스러운 업적을 남겨야겠다는 생각을 했어요.

"잘 바꿨어."

오빠가 칭찬했다. 칭찬을 받으니까 자심감이 샘솟았다. 나는 오빠가 알려 준 대로 어깨와 허리를 펴고 적당한 목소리로 발표 연습을 했다.

"미라 네가 이번에 선생님이 주는 선물을 받게 되면 있잖아. 엄마한테 피자 사 달라고 하자. 동호네 피자."

오빠가 갑자기 피자타령을 했다.

"싫거든. 피자가 뭐 동호네밖에 없어? 나는 오늘부터 동호네 피자는 안 먹을 거야."

"왜?"

"그럴 일이 있어."

동호가 선지한테 계속 잘해 주면 나는 동호를 계속 싫어할 거다.

실수해도 괜찮아

"자, 일어나 주세요, 일어나 주세요."

오빠가 자고 있는 엄마 아빠를 깨웠다.

"한밤중에 무슨 일이야? 너희들 아직 안 잤어?"

"오늘 밤 아주 중요한 일이 있거든요. 나와서 앉아 주세요."

"한밤중에 무슨 중요한 일이야?"

엄마 아빠는 하품을 하며 자리를 잡고 앉았다.

"내일 미라가 아주 대단한 일을 하게 되거든요. 학교에서 발표를 하는데 일등을 해서 선생님이 주는 선물을 받겠대요."

"뭐어?"

엄마 눈이 한순간 커졌다. 엄마는 믿을 수 없다는 표정으로 나를 바라봤다.

"미라가 준비를 많이 했어요. 지금 미라가 가족들 앞에서 내일 발표할 것을 마지막으로 연습할 거예요. 졸리더라도 눈을 크게 뜨고 들어 주세요."

"와, 이거 진짜 대단한 일이네. 좋았어. 눈 크게 뜨고 볼게. 어서 해 봐."

엄마 아빠가 자세를 고쳐 앉았다.

나는 엄마 아빠 앞에 섰다. 그런데 이상했다. 평소에 집에서는 절대 떨리지 않았는데, 발표를 한다고 생각하니까 갑자기 떨리기 시작했다. 말이 목에 걸린 듯 나오지도 않았다.

"박수."

아빠 목소리에 엄마와 오빠가 박수를 쳤다.

"저, 저, 저, 저는 체, 체, 체험 학습으로 겨, 겨, 경주에 다녀왔어요. 경주에는……."

나도 모르게 목소리가 바들바들 떨리고 말도 더듬

었다. 머릿속도 캄캄해졌다. 외웠던 게 하나도 생각나지 않았다. 나는 말을 멈춘 채 우두커니 서 있었다.

"처음부터 다시 해 봐. 괜찮아."

엄마가 부드러운 목소리로 말했다.

나는 심호흡을 한 다음 다시 말하기 시작했다. 하지만 마찬가지였다. 몇 마디 못 하고 다시 입을 다물었다.

"못 하겠어. 포기할래."

포기한다고 말하자 그동안 고생했던 일들이 떠올랐다. 눈물이 왈칵 쏟아졌다. 나는 왜 이런지 내 스스로가 생각해도 한심했다.

"왜? 왜 포기해?"

"학교에서도 이러면 어떻게 해. 실수하면 창피당할 거야."

웃음을 터뜨리는 선지 얼굴이 눈앞에 훤히 떠올랐다. 나는 고개를 세차게 저었다.

"미라야. 실수하는 거 무서워하지 마. 누구나 실수는 할 수 있어. 처음부터 잘하는 사람은 아무도 없거

발표하는 글 맛있게 먹기

든. 아빠도 옛날에는 남 앞에 서서 말 한마디도 하지 못했어. 부끄러움도 많이 타고 실수할까 봐 겁도 많이 났거든."

아빠가 놀라운 말을 했다. 아빠는 어디서든 말도 잘하고 앞장서서 하는 걸 좋아한다.

"하지만 스스로 이겨 내겠다고 결심하면서 지금의 아빠가 될 수 있었단다. 아빠도 처음에는 남 앞에 서서 말할 때 실수를 많이 했어. 할 말이 떠오르지 않아서 애먹을 때도 있었지. 하지만 그걸 부끄러워하지 않았어. 신기한 건 말이다, 실수를 반복하면서 용기도 생기는 거 있지. 미라야. 너, 영국의 정치가 윈스턴 처칠이라고 알지?"

아빠 말에 나는 고

개를 끄덕였다.

"처칠은 영국의 수상도 지냈고 노벨상도 받은 사람이야. 연설도 무척 잘했지. 그런데 처칠은 원래 말을 심하게 더듬었대. 어렸을 적에는 공부도 지독하게 못하고 말이야. 그런데 잘해야겠다고 마음먹은 후 실수를 두려워하지 않았대. 그래서 연설을 잘하는 정치가가 될 수 있었던 거지. 실수를 두려워했다면 자신을 이겨 내지 못했을 거야. 미라 네가 내일 어떤 실수를 할 수도 있어. 하지만 그럼 또 어때? 언젠가는 친구들 앞에서 잘 말하는 모습을 상상하며 끝없이 도전해 봐. 알았지?"

내 어깨를 잡은 아빠 손에 힘이 들어갔다.

"도전!"

오빠가 주먹을 쥐어 올렸다.

"도전!"

엄마도 주먹을 쥐어 올렸다. 그러자 아빠도 도전을 외치며 주먹을 쥐었다.

"도전."

나는 천천히 주먹을 쥐어 올렸다.

나는 밤새 연습하고 또 연습했다. 연습을 하면 할수록 자신감이 솟기 시작했다. 그래, 실수 좀 하면 어때. 무서워하지 않을 거야.

"수첩에 메모해서 발표할 때 생각나지 않으면 살짝 봐. 이것도 좋은 방법이거든."

오빠가 한 가지 더 알려 주었다.

나도 동호와 피자집 간다

"오늘 발표할 사람에게 줄 선물."

선생님이 탁자에 포장한 상자를 올려놨다.

"저요."

"저요."

여기저기서 손을 들었다.

"동호 먼저 해 볼까?"

선생님이 동호부터 시켰다. 동호는 경주박물관에 대해 발표를 했는데 귀에 쏙쏙 들어오게 발표를 잘했다. 박물관에 어떤 유물들이 있는지 눈앞에 보이는 듯했다. 조금도 떨지 않고 발표하는 동호를 보자 갑자기 자신감이 떨어졌다.

"미라야. 너 이번에 엄청 준비 많이 했잖아. 경주 가서 사진도 많이 찍고 메모도 많이 하고 안내장도 다 챙겨 와서 공부했잖아. 발표해."

소라가 내 옆구리를 찔렀다. 하지만 가슴이 쿵쿵 뛰었다. 다리도 떨리고 손도 떨렸다.

"해 보라니까."

소라가 내 팔을 억지로 잡아당겨 올렸다.

"응, 그래. 미라가 한번 발표해 볼까? 앞으로 나오렴."

선생님이 손짓을 했다. 나는 어쩔 수 없이 자리에서 일어났다. 눈앞이 캄캄했다.

'할 수 있어. 할 수 있어······.'

나는 주문을 외우 듯 마음속으로 할 수 있다는 말을 열 번 정도 했다. 그러자 신기하게 캄캄했던 눈앞이 환해졌다. 그래! 실수하면 어때. 처칠도 그랬다는데. 나는 천천히 교실 앞으로 나갔다. 아이들 눈이 모두 내게 쏠리자 얼굴이 화끈거렸다.

"배에 힘을 주고 숨부터 크게 들이쉬어."

어디선가 오빠 목소리가 들리는 거 같았다. 나는 숨을 크게 들이쉬었다가 천천히 내뱉었다.

"경주로 체험 학습을 다녀왔는데요."

나는 또박또박 끊어서 말했다. 다음 말이 생각나지 않을 때는 미리 메모해 둔 수첩을 살짝 보기도 했다. 마법에 걸린 듯 술술 말이 나왔다. 말 잘하는 마법 말이다.

짝짝짝!

발표를 마치자 아이들은 교실이 떠나갈 정도로 박수를 힘차게 쳤다. 소라가 엄지손가락을 높이 치켜올렸고 선생님은 나를 보고 활짝 웃었다. 떨리던 다리도 말짱해졌고 두근거리던 심장도 잠잠해졌다. 차가운 물을 마신 거처럼 가슴속이 시원해졌다.

"미라야. 질문 하나 해도 돼?"

동호가 손을 번쩍 들었다. 질문이라는 말에 겁이 덜컥 났다.

"왜 신라시대 사람들은 첨성대를 만들어서 하늘을 관찰했어?"

휴! 다행히 아는 내용이었다.

"하늘을 관측하고 별자리를 살피기 위해서였어. 그걸 보고 농사 지을 시기를 정할 수 있었거든. 신라 사람들은 대부분 농사를 지었기 때문에 농사 지을 시기를 정하는 게 아주 중요했대."

나는 말을 하면서 스스로 놀랐다. 내가 이렇게 말을 잘하다니!

"아하, 그렇구나. 미라 네 설명을 들으니까 이해가 잘 돼."

동호가 고개를 끄덕였다.

"치, 그 정도는 나도 안다. 대단한 것도 아닌데."

선지가 중얼거렸다. 그러더니 갑자기 선지가 손을 번쩍 들었다.

"질문 하나 해도 되지? 첨성대는 신라에만 있었니? 신라만 농사를 지은 건 아니잖아?"

나는 선지 질문에 말문이 막히고 말았다.

"치, 그런 것도 모르면서 왜 첨성대에 대한 발표를 해? 발표를 하려면 자세히 다 알아야지."

선지가 콧방귀를 뀌었다.

나는 입술을 꼭 깨물었다. 당장이라도 자리로 돌아가고 싶은 걸 꾹 참았다. 나는 터져 나오려는 눈물도 두 눈을 질끈 감고 참았다.

'누구나 실수할 수 있는 거처럼, 누구나 모르는 것이 있을 수 있잖아. 나는 신라의 첨성대만 공부해서 발

표한 거야.'

나는 마음을 다잡았다.

"나는 경주에 다녀와서 신라의 첨성대에 대해서만 공부했어. 그래서 선지 질문에 대해서는 잘 몰라. 혹시 선지 질문에 대답할 친구 있어?"

나는 숨을 크게 들이쉰 다음 교실을 둘러봤다.

"내가 대답해 볼게."

동호가 자리에서 일어났다.

"북한에서 고구려 시대의 첨성대 터가 발견되기도 했대. 그렇다면 신라에만 있는 게 아닌 거 같아."

나와 눈이 마주친 동호가 웃었다. 나도 동호를 따라 웃었다.

발표는 별거 아니었다. 그동안 '발표'라는 단어만 들어도 덜덜 떨었던 게 후회되었다.

"오늘의 발표왕은 미라."

선생님이 내 품에 선물 상자를 안겨 주었다. 꿈만 같았다. 내가 발표왕이 되다니.

"오늘 우리 피자 가게에서 신제품 시식회가 있어. 갈래? 너희 오빠도 온다고 하던데."

"우리 오빠가?"

나는 깜짝 놀랐다.

"이건 비밀인데 절대 아는 척하면 안 돼. 우리 누나랑 너희 오빠가 아무래도 좀 수상해. 둘이 서로 좋아하는 거 같아."

동호가 눈을 가늘게 뜨고 말했다.

"아무튼 미라 너도 갈 거지?"

동호가 다시 물었다.

"생각 좀 해 보고."

나는 일부러 이렇게 말했다. 당장 가고 싶다고 말하고 싶은 걸 꾹 참으면서. 나는 선지처럼 무조건 히히거리고 싶지 않았다. 선지와 차별된 모습을 동호에게 보여 주고 싶었다. 그래야 동호를 감동시킬 수 있지 않을까.

'그나저나 오빠랑 동호 누나가 사귀게 되면 어떻게 되는 거지? 나와 동호가 사귀어도 상관없는 건가?'

발표를 잘하게 되자 또 다른 고민 하나가 생겼다.

꼭꼭
씹어 먹는
국어 ❷ 발표하는 글 맛있게 먹기

🍲 동화 작가 박현숙의
문해력 키우기

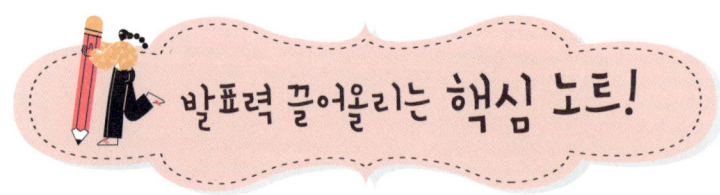

 발표란?

>> 발표란 어떤 사실이나 자신의 생각을 사람들 앞에서 표현하는 것을 말해요.

발표는 단순히 말을 하는 것이 아니에요. 어떤 사실이나 자신의 생각을 정리해서 사람들에게 조리 있게 전달하는 활동이지요.

우리는 일상 속에서 다양하게 발표하고 있어요. 학기 초에는 선생님과 친구들 앞에서 자기 소개를 해야 하고요, 반장이 되려면 반장 선거에 나가 용기 있게 내 의견을 발표해야 하지요. 그래야만 반장이 될 수 있으니까요. 학급 회의나 모둠 활동, 수행평가나 학예회 등 학교 생활에서 발표할 일은 정말 많아요. 때문에 발표를 잘하기 위해서 잘 준비하고 용기 내는 일은 중요하답니다!

질문 있어요!
– 우리가 '발표'에 대해 알고 싶은 것

Q 왜 발표가 두려울까요?

- 발표를 하면 즉각적인 반응이 있기 때문이에요. 발표는 상호작용의 성격을 띠고 있어요. 사람들의 시선 때문에 더 실수하게 되고 두려운 마음이 들기도 하지요.

- 친구들이 놀릴까 봐 두렵다고요? 괜찮아요! 부모님이나 친구들, 선생님의 기대가 부담스러워 발표하기 힘들어하는 친구들이 있는데요. 다른 사람과 자신을 비교하지 마세요! 누구나 처음엔 두렵답니다. 이야기 속에 나오는 '윈스턴 처칠'도 그랬고요.

- 자기도 모르게 다리가 떨리고, 손에 땀이 나고, 심장이 두근거린다고요? 목소리도 점점 작아지고요? 당당한 마음

을 가지세요!

그렇다면 발표를 잘하기 위한 방법이 있을까요? 네! 있습니다. 잘 준비하고 용기를 낸다면 누구나 발표를 잘할 수 있답니다.

Q 발표하기 두려울 때, 극복하는 방법이 있을까요?

1. 작은 목표를 세워 보세요. 처음에 한 문장을 발표한다면 그 다음 발표에서는 두세 문장을 발표할 수 있는 용기가 생길 거예요.

2. 감정을 조절해야 해요. 심호흡을 하고, 손을 쥐었다 펴는 것도 도움이 돼요. 스스로 잘할 수 있다고 믿으며 격려하는 것도 잊지 마세요.

3. 실패의 경험을 극복해 보세요. 실수는 다시 배울 수 있는 기회랍니다. 실패를 경험하면 다음에는 조금 더 잘할 수 있으니까요. 친구들은 어떻게 발표하는지 관찰하는 것도 좋아요.

Q 발표를 잘하려면 어떤 준비를 해야 하나요?

1. 발표할 내용을 먼저 글로 써요.

2. 글로 쓴 내용을 말하는 형식으로 바꿔 써요.

3. 듣는 사람이 지루하지 않게 꼭 필요한 핵심 내용만 남기고 줄여 써요.

4. 글로 쓴 내용을 자연스럽게 말할 수 있도록 연습해요.

5. 거울이나 가족들 앞에서 발표하는 연습을 해요.

Q 발표를 잘하면 좋은 점이 있나요?

1. 발표를 하면 배운 것을 오래오래 기억할 수 있어요. 앉아서 공부하는 것보다 말하고 듣는 것을 통한 공부가 더 재미있고 오래 기억에 남는답니다.

2. 친구들에게 당당하고 긍정적인 모습을 보여 주고 자신감을 키울 수 있어요.

3. 관계 안에서 의견을 말하는 힘을 기를 수 있어요.

Q 멋지게 발표하는 방법이 있나요?

1. 발표할 내용 중에 어려운 단어나 잊기 쉬운 부분은 짧게 메모해요. 발표를 하다가 기억나지 않을 때는 메모를 살짝 보세요.

2. 용기를 내어 손을 번쩍 들어 봐요.

3. 가슴은 쭉 펴고 정확하고 또렷한 발음으로 말해요. 목소리는 너무 작거나 크지 않게 말해요. 대화할 때 목소리보다 약간 크게 하면 좋아요.

4. 빠르게 말하지 말고, 끊는 부분에서는 숨을 들이쉬며 말해요. (예: 동호네 가게/ 피자 맛은/ 참 좋아요.)

5. 눈은 천장이나 바닥을 보지 말고 앞에 있는 사람들을 보면서 말해요.

6. 실수를 하거나 틀리더라도 창피해하지 마세요. 누구나 실수는 하는 거랍니다.

7. 처음부터 잘할 수는 없어요. 발표도 하면 할수록 더 잘할 수 있고 자신감도 생긴답니다.

 실전 연습 - 도전! 나도 발표왕

* 미라가 쓴 글을 참고하세요.

1. 발표 내용 준비하기

우리 반 동호네 피자 가게에 갔다. 동호 엄마가 한턱 쏜다며 피자를 공짜로 주셨다. 동호네 피자 가게는 '고릴라피자'인데 다른 곳 피자보다 빵 두께가 두툼했다. 피자에 치즈도 많이 들어 가서 고소했다. 그리고 피자에 넣은 채소도 다양했는데 채소도 달콤하고 고소한 맛이었다. 채소를 좋아하지 않는 아이들이 먹으면 좋을 피자였다. 아이들 입맛에 딱 맞게 만들어진 피자 같다.

2. 말하는 형식으로 바꿔 쓰기

우리반 동호네 피자 가게에 갔어요. 동호 엄마가 피자를 주셨는데 정말 맛있었어요. '고릴라피자'는 다른 피자보다 빵 두께가 두툼하고 치즈도 많이 들어 있었어요. 치즈가 많이 들어 있어서 그런지 맛이 아주 고소했어요. 또 채소도 다양하게 들어 있는데 채소를 씹을 때 아주 달콤했어요. 채소를 싫어하는 아이들도 맛있게 먹을 수 있는 맛이에요. 저뿐만 아니라 다른 아이들도 맛있게 먹을 수 있는 맛이었어요.

3. 꼭 필요한 핵심 내용만 남기고 줄여 쓰기

동호네 피자 가게 피자 맛은 참 좋아요. 빵 두께가 두툼하면서도 부드럽고 치즈도 많이 들어 있어서 고소해요. 채소는 아이들 입맛에 딱 맞게 달콤한 맛을 냈어요. 동호네 가게 피자는 계속 먹고 싶은 맛이에요.

* 발표문 작성하기

- 발표하고 싶은 주제를 정해 보세요.

(예: 나의 장래희망/ 내가 좋아하는 음식/ 가장 기억에 남는 여행지 등)

발표 주제: _____

1. 발표 내용 준비하기

_____
_____
_____
_____
_____
_____
_____

2. 말하는 형식으로 바꿔 쓰기

_____
_____
_____
_____
_____

3. 꼭 필요한 핵심 내용만 남기고 줄여 쓰기

이제 완성된 글을 자연스럽게 말할 수 있도록 연습해 보세요. 가족들이나 거울 앞에서 발표 연습을 해 보면 자신감이 올라간답니다.

♥ 정리해 볼까요?

발표는 누구나 처음에 무서워요. 미라 아빠가 얘기해 준 것처럼 '윈스턴 처칠'도 그랬잖아요. 미라도 용기 내어 이겨 냈고요!

1. 발표는 내 생각을 분명하고 자신 있게 전달하는 거예요.
2. 준비하고, 연습하고, 좋은 태도를 익히고, 용기를 가지세요!
3. 도전하는 것만으로도 큰 용기를 얻게 된답니다. 나를 표현할 수 있는 힘과 생각을 말로 정리하는 능력까지 생기고요. 그리고 진짜 실력은 용기입니다!

남과 비교하지 말고 스스로 성장하는 것에 집중해 보세요.

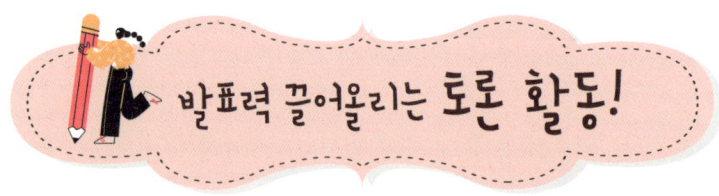

토론 주제를 놓고 함께 의견을 나눈 뒤, 앞에 나가 발표해 보세요.

1. 여러분은 발표할 때 어떤 기분이 드나요?

2. 발표를 잘하기 위해서 개인적으로 어떤 방법이 가장 효과적인지 적어 본 뒤, 발표 경험을 나눠 보세요.

3-1. '교실 자리는 자유롭게 앉는 게 좋다 vs 교실 자리는 정해진 자리에 앉는 게 좋다'라는 주제로 의견을 나눠 본 뒤, 내용을 정리해 글로 써 보세요.

3-2. 글로 작성한 발표 내용을 말하는 형식으로 바꿔 써 볼까요.

3-3. 꼭 필요한 핵심 내용만 남기고 줄여 쓴 뒤, 앞에 나가서 발표해 보세요.

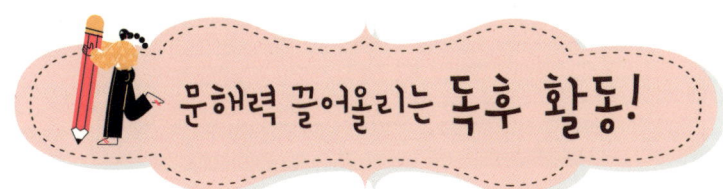

❶ 우리는 학교에서 발표할 일이 많아요. 친구들 앞에서 당당하게 말하는 건 쉽지 않지만, 미라처럼 용기를 내어 발표한 경험이 있을 거예요. 그때를 떠올리며, 발표하기 전과 발표한 후의 기분을 적어 보세요.

발표 전
_____
_____

발표 후
_____
_____

❷ 미라처럼 발표하기를 어려워하는 친구가 있어요. 그런 친구에게 해 주고 싶은 말을 적어 보세요.

❸ 미라는 '발표의 날'이 두려워서 배가 아팠어요. 내가 두려워하는 것은 무엇인지, 또 그것을 어떻게 극복하면 좋을지 적어 보세요.

4. 전학생 동호가 왔어요. 미라는 동호에게 잘 보이고 싶어 더 용기를 내고 싶었지만, 동호는 선지 편을 들었어요. 미라는 일부러 발표를 안 한 게 아닌데 억울했을 거예요. 나도 억울했던 경험이 있다면 적어 보세요. 다른 사람이 몰라 주는 마음을 적다 보면 마음이 풀린답니다.

5. 소라는 미라를 두고 '고릴라피자' 가게에 따라가 버렸어요. 만약 친한 친구가 내 편을 들어 주지 않는다면 어떤 기분이 들까요? 미라의 입장이 되어 적어 보세요.

6 다행히 미라에게는 '발표왕' 오빠가 있었어요. 오빠는 발표하는 방법을 알려 주며, 발표하면 좋은 점도 가르쳐 주었지요. 미라 오빠가 말한 발표의 좋은 점을 적어 보세요. (27쪽 참고)

❼ 동호네 '고릴라피자'에서는 신제품으로 피자도시락을 만들었어요. 채소가 일곱 가지나 들어 가 있는데 파 냄새도 안 난대요. 내가 피자도시락을 만든다면 어떤 재료를 넣고 싶나요? 나만의 레시피를 적고, 피자도시락 이름도 지어 보세요.

나만의 레시피 재료
_____
_____
_____

피자도시락 이름
_____
_____
_____

❽ 발표할 때는 말하는 내용뿐만 아니라 태도도 중요해요. 밑줄에 들어갈 알맞은 말을 적고, 발표 잘하는 방법을 정리해 보세요.

1) 똑바로 서서 _____ 을 자연스럽게 본다.

2) _____ 바로 세운다. 바른 태도는 자신감을 준다.

3) _____ 는 너무 작아도 안 되고, 너무 커도 안 된다. 대화할 때보다 약간 크게 한다.

4) 천천히 끊어서 말한다(예: 동네 가게/ 피자 맛은/ 참 좋아요).

❾ 내가 가고 싶은 체험 학습 장소는 어디인가요? 3곳을 적고 이유를 적어 보세요.

1. _____
이유: _____

2. _____
이유 _____

3. _____
이유 _____

🔟 미라는 엄마, 아빠, 오빠 앞에서 발표 연습을 했어요. 평소엔 괜찮던 가족 앞에서도, 발표한다고 생각하니 떨리기 시작했지요. 그때 아빠가 한 인물을 소개했어요. 영국의 수상을 지냈고 노벨상도 받은 '윈스턴 처칠'이에요. 윈스턴 처칠은 어떤 사람이었는지 찾아 보고 본받고 싶은 점을 적어 보세요.

(59-60쪽 참고)

작가의 말

내가 초등학교 4학년 때 가장 무서웠던 게 뭐였는지 알아요? 9일, 19일, 29일이었어요. 우리 선생님은 날짜와 같은 번호의 아이에게 발표를 시켰거든요. 나는 9번이었는데 9일, 19일, 29일이 오면 꼭 발표를 해야 했어요. 그날이 오면 학교에 가기가 싫었어요. 발표가 정말 무서웠거든요.

자리에 앉아서는 말도 많고 잘하는 편인데 앞에만 나가면 입이 딱 붙어서 떨어지지 않았어요. 긴장해서 다리는 떨리고 손은 저렸어요. 생각한 것과는 다른 말이 튀어나오기도 하고요.

어느 날 발표를 하는데 아이들이 웃음을 터뜨렸어요. 내가 말을 더듬었거든요. 어떤 친구는 내가 말 더듬는 걸 흉내 내기도 했어요. 그날 결심했어요. 나도 떨지 않고 당당하게 발표를 잘해야겠다고. 그래서 연습했어요.

그때는 시골에 살았는데 날마다 집 뒷산에 올라가 크게 말하는 연습을 했어요. 9일, 19일, 29일을 앞두고는 선생님이 시킬 만한 걸 찾아 종이에 적었어요. 그러고는 가족들 앞에서 바른 자세로 서서 발표 연습을 했어요. 그리고 몇 달 후 웅변대회에 나갔어요. 그러다 보니 어느 순간 남 앞에서 덜덜 떨며 말하던 나는 사라지고 없었어요.

지금은 학교와 도서관에 수없이 많은 강연을 다녀요. 하나도 안 떨려요. 그게 다 초등학교 때 나를 이기려고 노력했던 결과라고 생각해요.

남 앞에 서서 발표하는 게 두렵고 무서운 친구들이 있나요? 이 책을 읽고 주인공이 어떻게 변화했는지 살펴보면서 나도 변화하려고 노력해 보세요. 분명 성공할 수 있어요. 모두모두 힘내세요. 그깟 발표! 아무것도 아니에요.

지금은 남 앞에서 말하는 게 가장 즐거운
동화 작가　박현숙

꼭꼭 씹어 먹는 국어
❷ 발표하는 글 맛있게 먹기
ⓒ 박현숙 2025

초판 1쇄 인쇄일 | 2025년 9월 26일
초판 1쇄 발행일 | 2025년 10월 13일

지은이 | 박현숙
그린이 | 최정인
펴낸이 | 사태희
편 집 | 박선규 · 책임편집 | 정현주
디자인 | 김경미
마케팅 | 장민영
제 작 | 이승욱 이대성

펴낸곳 특서주니어
출판등록 제2021-000322호
주소 08505 서울특별시 금천구 가산디지털2로 101 한라원앤원타워 B동 1503호
전화 02-3273-7878
팩스 0505-832-0042
e-mail info@specialbooks.co.kr

ISBN | 979-11-6703-176-1 (73700)

특서주니어는 (주)특별한서재의 아동 브랜드입니다.
잘못된 책은 교환해드립니다. 저자와의 협의하에 인지는 붙이지 않습니다.
저작권법에 의하여 보호를 받는 저작물이므로 무단 전재와 복제를 금합니다.